El bosque silvestre

BLUME

Título original *Woodland Wild*

Traducción y coordinación de la edición en lengua española
Cristina Rodríguez Fischer

Primera edición en lengua española 2020
Reimpresión 2021, 2022, 2023, 2025

© 2020 Naturart, S.A. Editado por BLUME
Carrer de les Alberes, 52, 2.º, Vallvidrera
08017 Barcelona
Tel. 93 205 40 00 e-mail: info@blume.net
© 2020 Batsford, Londres
© 2022 B.T. Batsford Holdings Limited, Londres
© 2020 de las ilustraciones Millie Marotta

ISBN: 978-84-18075-90-2

Impreso en China

WWW.BLUME.NET

Millie Marotta

El bosque silvestre

una aventura para colorear

BLUME

Introducción

Los bosques son lugares maravillosos.
Evocan una sensación de aventura y exploración
y los recuerdos de mi infancia que transcurrió
en los bosques de Gales. Pasar tiempo entre
los árboles nos permite experimentar una auténtica
conexión con la naturaleza, con todos sus sonidos
y colores, el olor a musgo en el sotobosque,
la moteada luz del sol, la cacofonía de un coro
de aves al amanecer o el susurro de las hojas
a causa del viento. Los bosques pueden ser relajantes
y tranquilos, un lugar para escapar del ajetreo
o del bullicio, o bien ruidosos y estridentes,
llenos de vida, repletos de los cantos de las aves
y del zumbido de los insectos.

Nuestros bosques son esenciales para la vida
en la Tierra, ya que proporcionan alimento,
medicamentos y agua dulce; incluso nos ofrecen el
aire que respiramos al absorber dióxido de carbono
y liberar oxígeno. Y si bien muchas personas trabajan
sin descanso para protegerlos, están cada vez más
amenazados, al igual que los animales que viven allí.
Este libro trata de defender nuestros magníficos

hábitats arbóreos en todo el mundo, así como los
maravillosos animales para los que constituyen su hogar.

Existen muchos tipos de bosques, desde las esculturales
taigas rusas hasta el húmedo dosel arbóreo de la selva
tropical. Albergan el 80 por ciento de los animales y
las plantas terrestres del planeta: vibrantes, audaces
y llenos de color. ¿Qué mejor tema para un libro
para colorear?

Acceda a un reino de árboles de enorme altura,
lobos aulladores y serpientes que se deslizan por
el suelo, copas frondosas, madrigueras subterráneas,
relajantes cantos de pájaros e insectos laboriosos.
Este libro es una celebración de los bosques del mundo
en todo su colorido esplendor, aunque solo he sido
capaz de incluir una pequeña parte de las especies
que prosperan en nuestros hábitats forestales. Debido
a que los árboles se encuentran en todos los rincones
del mundo (excepto en la Antártida), se presenta una
gran variedad de especies de todos los continentes.
Algunos serán fácilmente reconocibles, como
los astutos zorros o un exquisito jilguero, mientras

que otros son un poco más inusuales y pueden ser nuevos para usted, como el místico buey de Vu Quang, del sudeste asiático, o los cangrejos rojos de la Isla de Navidad, que emergen por millones, caminan por el sotobosque y se abren paso hacia el océano para reproducirse.

Y cuando se trata de color, no hay mejor artista que la Madre Naturaleza. Así pues, tanto si su gama preferida está formada por los verdes luminosos, los dulces rosas o los alucinantes fluorescentes como si opta por matices llenos de armonía, este libro presenta un caleidoscopio de opciones llenas de color. Desde la ardilla gigante india hasta la tucaneta de la Guyana, del tigre de Bengala de la India hasta el escarabajo de cuernos con plumas de Australia (*Rhipicera*), espero que el libro le sorprenda y deleite mientras se abre camino a través de sus páginas.

Para aquellos a quienes les gusta saber exactamente qué especie están coloreando, en las páginas finales podrán encontrar un glosario, y aunque este es fundamentalmente un libro para colorear, me encanta la idea de que también pueda ofrecerles la oportunidad de aprender más sobre el reino animal.

Y aquellos que disfrutan practicando sus habilidades de dibujo y de aplicación del color podrán encontrar varias páginas cuyos dibujos aparecen menos detallados que el resto, así que les invitamos no solo a darles vida con color, sino a embellecer y decorar su contenido. No olvide tampoco que hay unas páginas al final del libro en las que puede probar sus combinaciones cromáticas o sus materiales para colorear, antes de empezar.

La variedad de combinaciones de colores, técnicas y materiales utilizados en las ilustraciones en color que adornan las paredes de mi galería online y en las redes sociales son simplemente sorprendentes, y mientras los coloristas de todo el mundo continúan compartiendo sus creaciones, ocho libros después todavía me sorprende la maravillosa comunidad que hemos formado y la individualidad de las imágenes de cada uno de sus miembros. Mis ilustraciones son solo un punto de partida: el lector es quien los convierte en obras maestras. Hacer estos libros es más bien una búsqueda autocomplaciente: me siento muy afortunada de poder combinar mis dos grandes pasiones, el dibujo y la naturaleza, y me encanta ver cómo colorear y desarrollar la creatividad puede hacer que las personas se sientan felices.

Estoy impaciente por ver cómo su libro cobra vida. Tanto si le gusta colorear cuando está solo como si le gusta hacerlo en compañía de familiares y amigos, úselo como una salida creativa o para relajarse de forma consciente; espero que disfrute inundando estas páginas de color tanto como yo he disfrutado haciendo el libro.

Así pues, abra su caja de colores y deje que comience su aventura en el bosque.

Millie Marotta

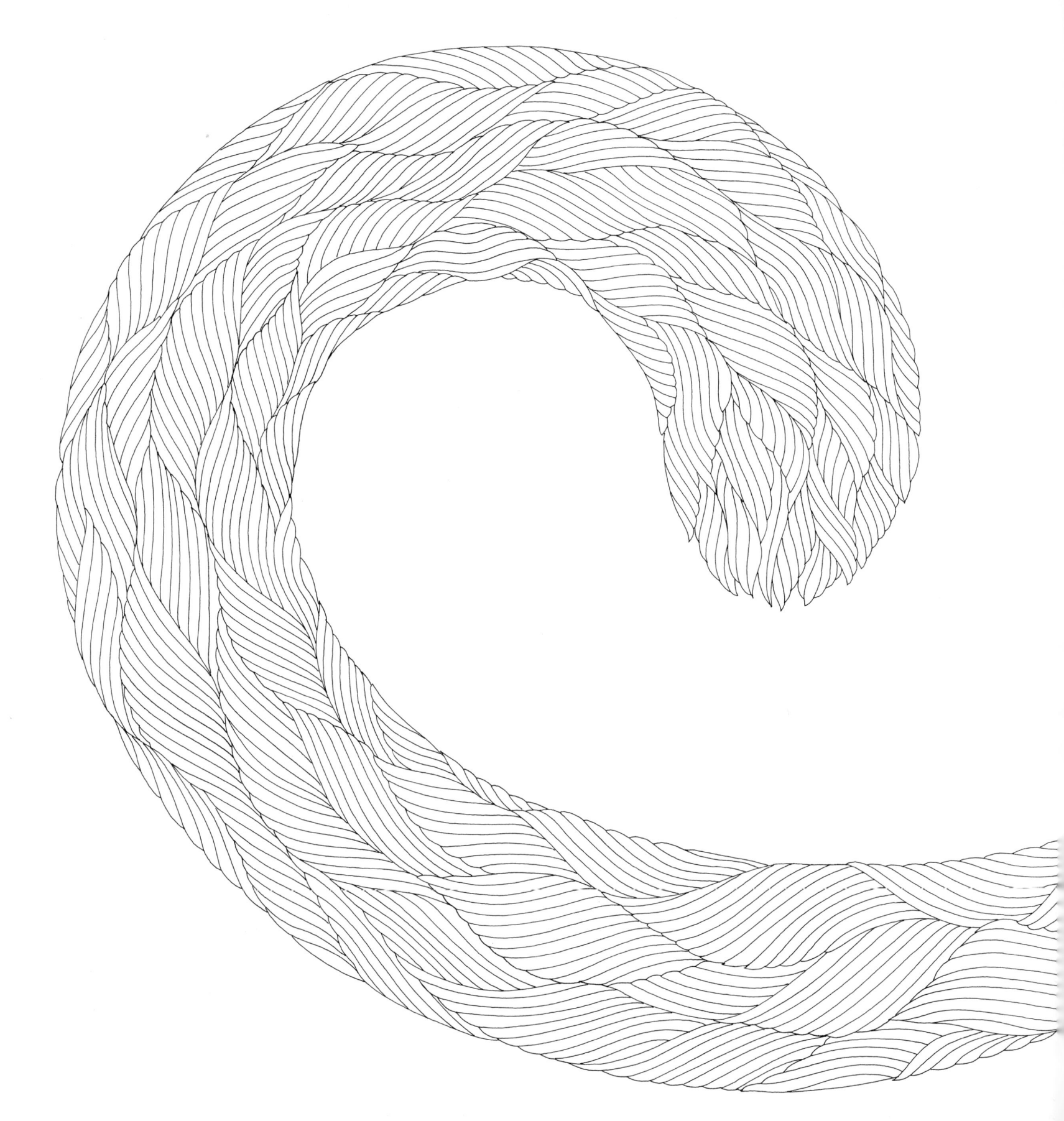

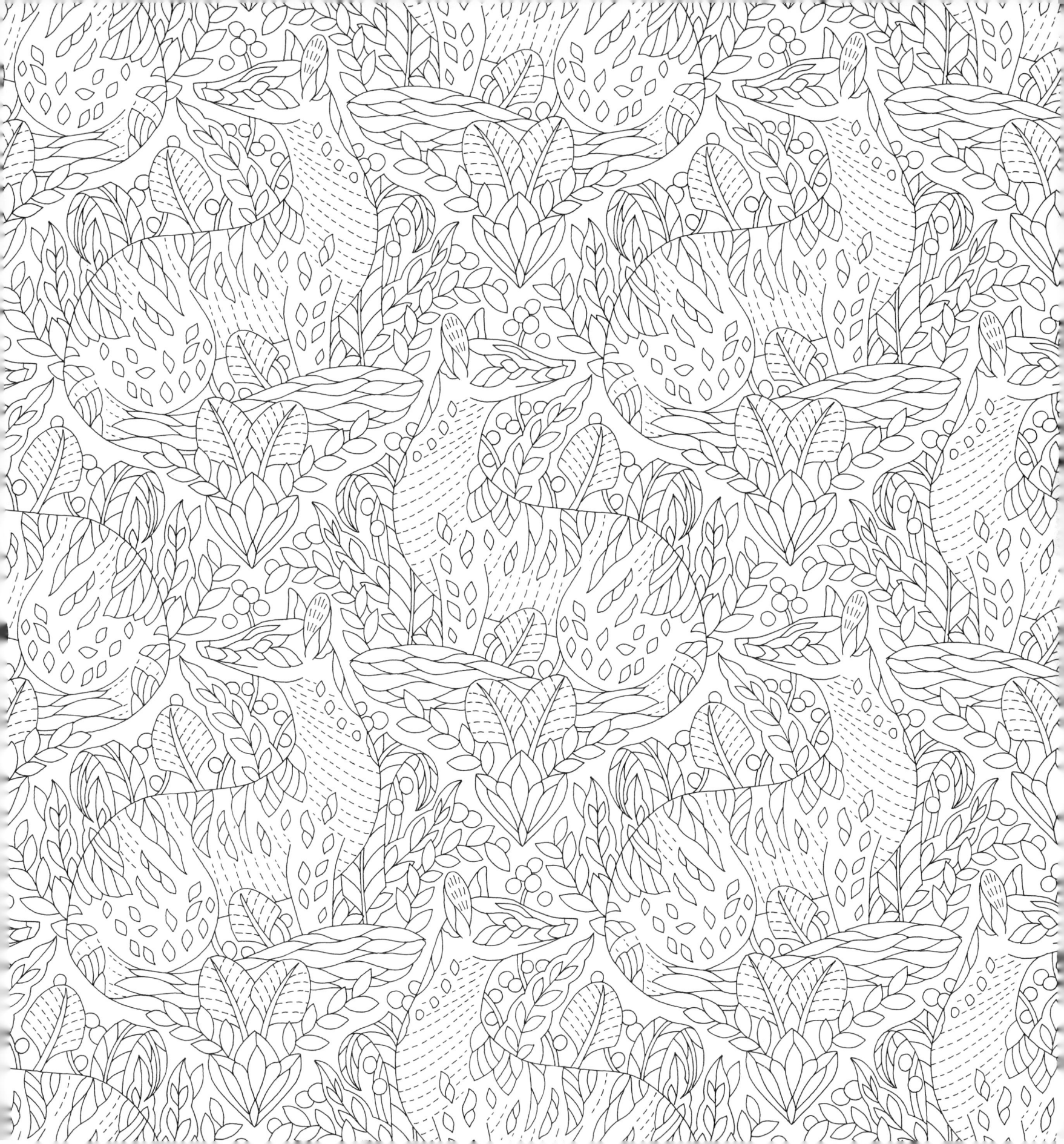

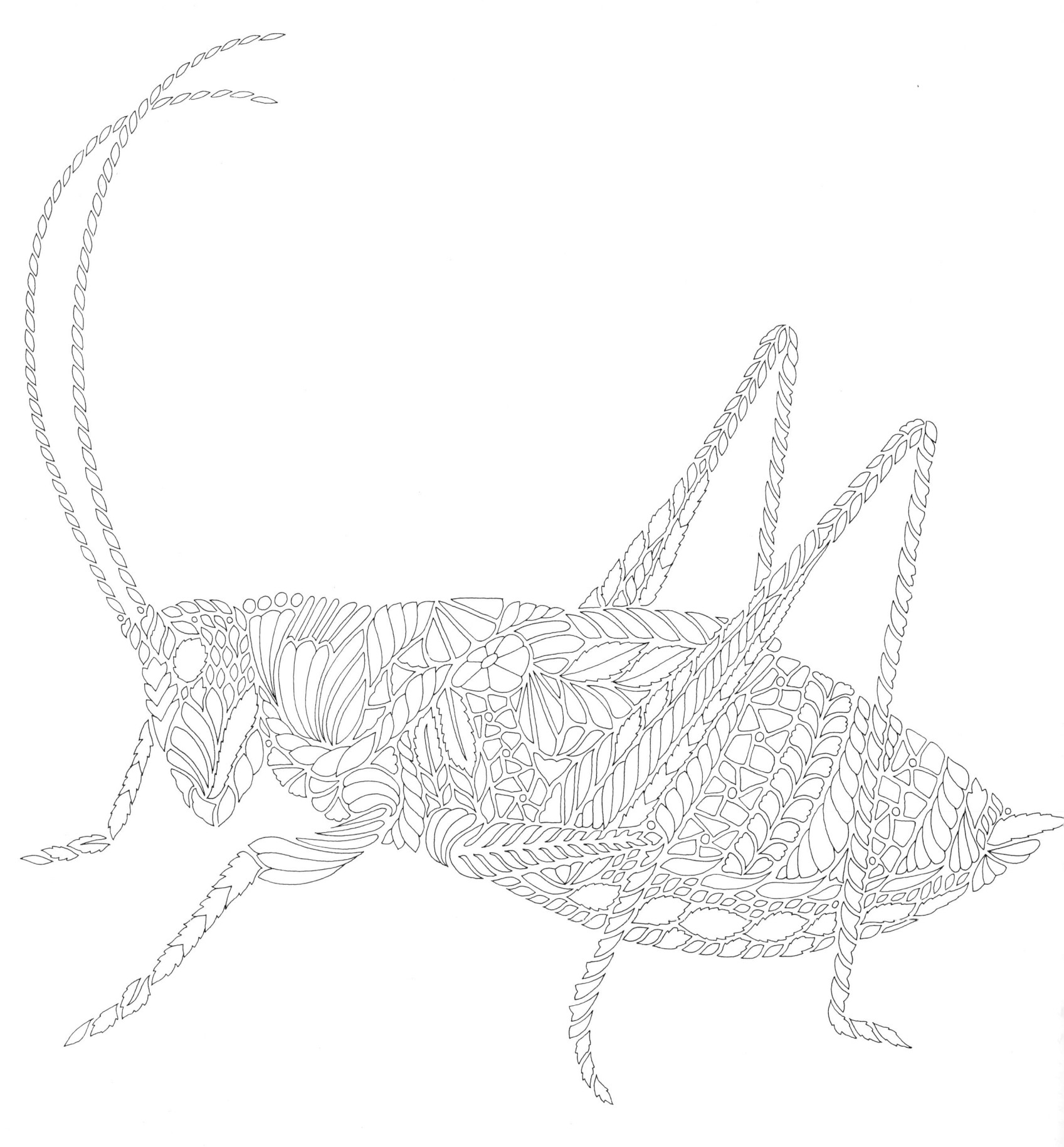

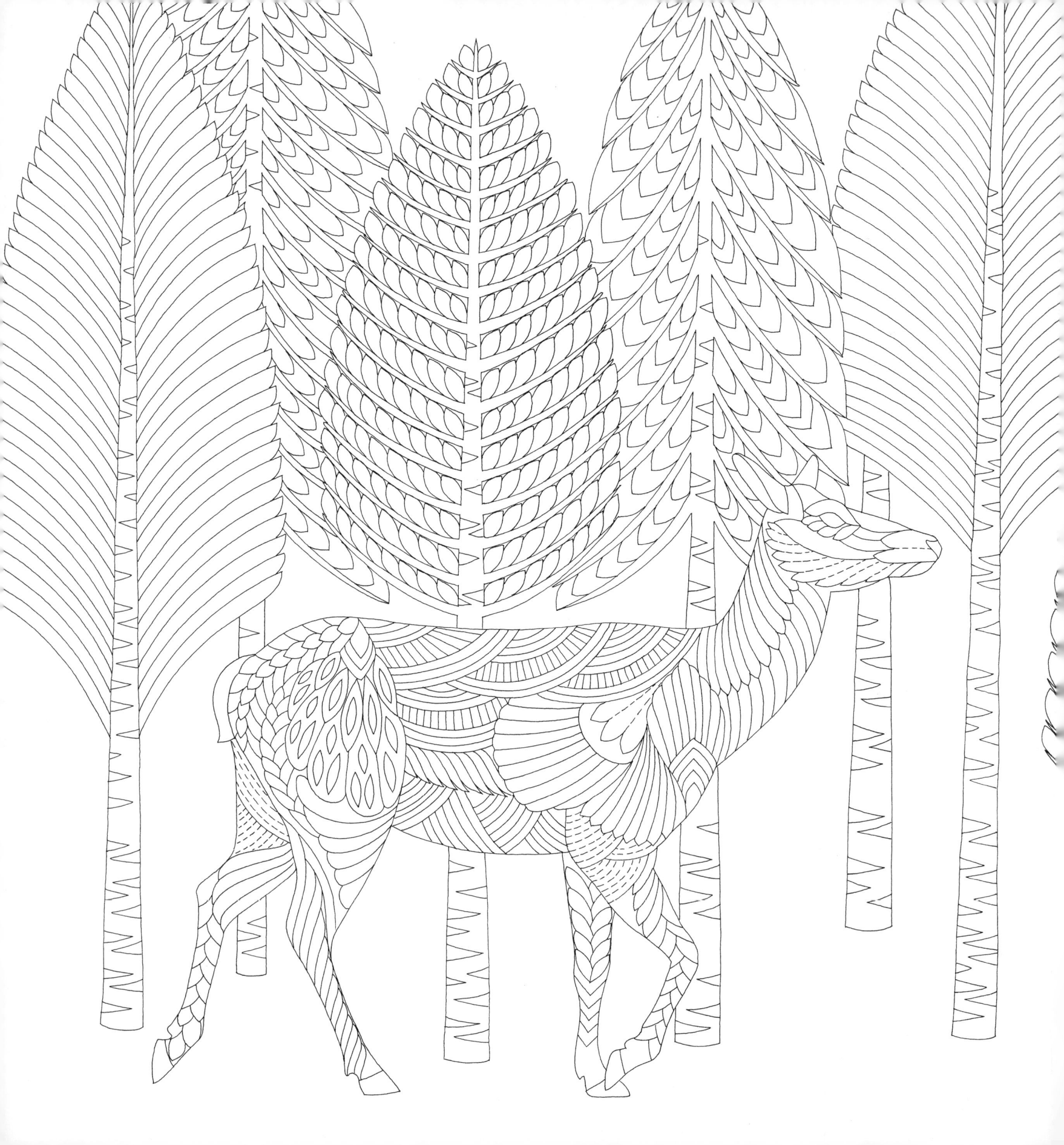

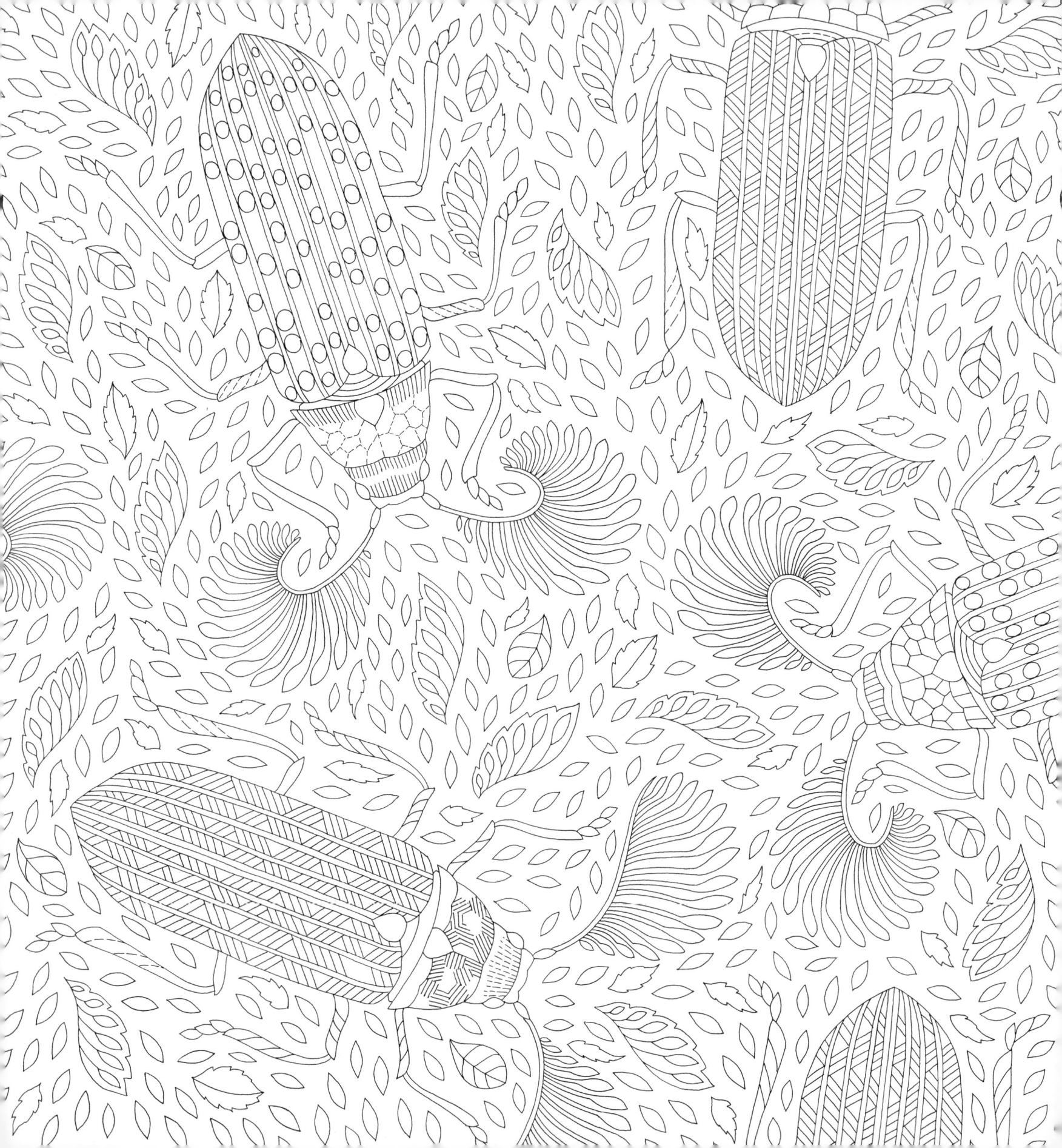

Relación de criaturas

En orden de aparición

Conejo común (*Oryctolagus cuniculus*)

Gamo común (*Dama dama*)

Pico kizuki (*Yungipicus kizuki*)

Pavo real común (*Pavo cristatus*)

Tejón común (*Meles meles*)

Ginkgo (*Ginkgo biloba*)

Víbora común europea (*Vipera berus*)

Picoespina oriental

   (*Acanthorhynchus tenuirostris*)

Helechos

   Lygodium palmatum

   Adiantum raddianum

   Schizaea pusilla

   Schizaea pectinata

Chochín común

   (*Troglodytes troglodytes*)

Zorro común (*Vulpes vulpes*)

Luciérnaga (*Photinus carolinus*)

Ardilla malabar (*Ratufa indica*)

Cerambícido (*Rosalia alpina*)

Jilguero europeo (*Carduelis carduelis*)

   y avellano común (*Corylus avellana*)

Polilla (*Moma alpium*)

Frutos del bosque

   Enebro común (*Juniperus communis*)

   Acebo (*Ilex aquifolium*)

   Bonetero (*Euonymus europaeus*)

   Endrino (*Prunus spinosa*)

Espino blanco

   (*Crataegus monogyna*)

Fresa salvaje (*Fragaria vesca*)

Turón europeo (*Mustela putorius*)

Flores del bosque

   Orquídea (*Diuris jonesii*)

   Anémona de bosque

      (*Anemone nemorosa*)

   Lirio (*Arisaema triphyllum*)

   Aguileña canadiense

      (*Aquilegia canadensis*)

   Pasionaria (*Passiflora caerulea*)

   Prímula (*Primula veris*)

Mochuelo europeo (*Athene noctua*)

Higuera común (*Ficus carica*)

Semillas y frutos tropicales

   Higo (*Ficus carica*)

   Café (*Coffea arabica*)

   Pitahaya (*Hylocereus undatus*)

   Pipa de holandés

      (*Aristolochia macrophylla*)

   Árbol del té

      (*Leptospermum scoparium*)

   Árbol de maní

      (*Sterculia quadrifida*)

   Palmera (*Pinanga coronata*)

   Sal (*Shorea robusta*)

Molusco gasterópodo

   (*Achatinella mustelina*)

Hojas, semillas y amentos

   Falso plátano (*Acer pseudoplatanus*)

   Roble común (*Quercus robur*)

   Haya común (*Fagus sylvatica*)

   Castaño (*Castanea sativa*)

   Abedul común (*Betula pendula*)

   Tsuga del Pacífico

      (*Tsuga heterophylla*)

Cicadácea (*Encephalartos ferox*)

Agateador euroasiático

   (*Certhia familiaris*)

Flores del bosque

   Violeta de monte (*Viola riviniana*)

   Croco (*Crocus tommasinianus*)

   Hepática (*Anemone hepatica*)

   Lirio de los valles

      (*Convallaria majalis*)

Cangrejo rojo de la Isla de Navidad

   (*Gecarcoidea natalis*)

Civeta de Owston (*Chrotogale owstoni*)

Cuervo grande (*Corvus corax*)

Abubilla (*Upupa epops*)

Eucaliptos

   Eucalipto sidra (*Eucalyptus gunnii*)

   Boj amarillo (*Eucalyptus melliodora*)

   Eucalipto rojo (*Eucalyptus ficifolia*)

   Eucalipto de pantano

      (*Eucalyptus ovata*)

   Eucalyptus pulverulenta

Saltamontes verde común
(*Tettigonia viridissima*)

Tritón alpino (*Ichthyosaura alpestris*)

Lémur de cola anillada (*Lemur catta*)

Tarántula (*Poecilotheria metallica*)

Cerezo de flor japonés
(*Prunus serrulata*)

Urogallo común (*Tetrao urogallus*)

Tornasolada (*Apatura iris*)

Pacarana (*Dinomys branickii*)

Buey de Vu Quang
(*Pseudoryx nghetinhensis*)

Lince europeo (*Lynx lynx*)

Salamandra común
(*Salamandra salamandra*)

Uapití (*Cervus canadensis*)

Ayahuma (*Couroupita guianensis*)

Rana espléndida (*Cruziohyla calcarifer*)

Gecko diurno de Madagascar
(*Phelsuma madagascariensis
madagascariensis*)

Dragón de agua chino
(*Physignathus cocincinus*)

Awlet verde pálido (*Bibasis gomata*)

Tucaneta de la Guayana
(*Selenidera piperivora*)

Escarabajo de cuernos con plumas
(*Rhipicera femorata*)

Erizo común (*Erinaceus europaeus*)

Alquiche grande (*Edessa rufomarginata*)

Árboles

Álamo negro
(*Populus nigra* 'Italica')

Pino silvestre (*Pinus sylvestris*)

Petersianthus quadrialatus

Taro (*Colocasia esculenta*)

Árbol del viajero
(*Ravenala madagascariensis*)

Mofeta listada (*Mephitis mephitis*)

Tigre de Bengala (*Panthera tigris tigris*)

Esfinge abejorro de orla ancha
(*Hemaris fuciformis*)

Mariquita de ojos (*Anatis ocellata*)

Jabalí (*Sus scrofa*)

Lobo (*Canis lupus*)

Mamey silvestre (*Clusia rosea*)

Kákapu (*Strigops habroptilus*)

Mono obispo (*Cercopithecus neglectus*)

Ardilla listada de Nebraska
(*Tamias palmeri*)

Magnolia tulípera
(*Magnolia* × *soulangeana*)
y mito (*Aegithalos caudatus*)

Dicdic de Kirk (*Madoqua kirkii*)

Setas y hongos venenosos
Matamoscas (*Amanita muscaria*)

Coprino micado
(*Coprinellus micaceus*)

Psilocybe cyanescens

Micena rosada (*Mycena rosea*)

Higróforo cónico
(*Hygrocybe conica*)

Níscalo (*Lactarius deliciosus*)

Pie azul (*Clitocybe nuda*)

Armilaria de color miel
(*Armillaria mellea*)

Matacandil (*Coprinus comatus*)

Trompeta de los muertos
(*Craterellus cornucopioides*)

Abejorro (*Bombus hypnorum*)

Bulbul gorgirrojo (*Pycnonotus dispar*)
y árbol del cacao (*Theobroma cacao*)

Pruebe aquí sus gamas cromáticas y sus materiales para colorear…